●はじめに●

CREATE-SIMPLE とは？

　日本の職場における化学物質管理が大きな転換点を迎えています。日本ではこれまで、法令で定められた化学物質についてのみ、それぞれに規定された措置を順守することが各事業場に求められてきました。しかし、令和4年5月の労働安全衛生規則等の改正により、対象は危険・有害性をもつ数千の物質に拡大され、事業場は講ずる措置を自ら選択して実施することとなりました。そのために行われるのがリスクアセスメントです。

　化学物質の有害性のリスクアセスメントは、作業場の気中の化学物質濃度や各個人のばく露濃度を実際に測定して、ばく露限界値と比較する方法が信頼性が高いといわれています。しかし、測定には手間もコストもかかります。少量で低濃度のばく露であることがわかれば、その正確な数値を測定しなくても、リスクが許容範囲にあると結論付けることはできますから、多くの種類の化学物質を取り扱う事業場では、リスクの高い物質を洗い出した上で測定することが現実的です。

　そこで、国は、実際に測定を行わなくてもリスクアセスメントを実施できる簡易なリスクアセスメント支援ツールを用意しています。そのひとつがCREATE-SIMPLE（Chemical Risk Easy Assessment Tool, Edited for Service Industry and MultiPLE workplaces；クリエイト・シンプル）です。

CREATE-SIMPLE でできること

　CREATE-SIMPLEは、製造業はもちろんサービス業も含めたさまざまな業種の化学物質を取り扱う事業場でリスクアセスメントを行うための、簡易な支援ツールです。

　取り扱う化学物質の取扱条件（取扱量、含有率、換気条件、作業時間・頻度、保護具の有無等）を入力することで、実際に気中濃度などを測定することなくばく露濃度（8時間）を推定することができ、それを濃度基準値やばく露限界値と比較することでリスクレベルを計ることができます。これらは吸入ばく露はもちろん、経皮ばく露によるリスクについても推定が可能となっています。

　また、濃度基準値やばく露限界値が得られない場合は、GHS分類情報から管理目標濃度を設定することができ、それを比較対象としてリスクレベルを計ることもできます。

　さらに、リスク低減措置について、どのような措置をとればどれだけリスクが低減されるかをシミュレートしながら検討することもできるのです。

CREATE-SIMPLE の留意点

　有害性については、短時間のばく露による健康影響は対象外となっています。また、何らかの理由によりばく露が大きくなるような作業については、リスクを過小に見積もる可能性があるので注意が必要です。
　性状が気体の物質については危険性（爆発・火災）のみ対応しています。一方、危険性については、化学物質の潜在的な危険性に気づくことを主目的にしているため、プロセスについては対象外としています。プロセスで用いる場合などは、「安衛研 リスクアセスメント等実施支援ツール」など、他の支援ツールを用いましょう。

新バージョン、ver.3.0 の特徴

　CREATE-SIMPLE は、令和 6 年 2 月にバージョンアップされ、ver.3.0 が公開されました。以降、ダウンロードできるのは新バージョンの CREATE-SIMPLE です。
　新バージョンの最大の特徴は、混合物（混合物としての GHS 分類情報があるものを除く）のリスクアセスメントを行う際の手間が、大幅に軽減されたことです。旧バージョンでは、混合物中の成分の全てについて、それぞれリスクアセスメントを行う必要がありましたが、新バージョンでは混合物中の成分（最大 10 物質）を一斉に評価することができます。各成分の物質情報も CAS 番号等から一度に自動入力できますので、操作は大きく簡素化されました。大半の現場で使用されている混合物化学品のためのリスクアセスメント支援ツールに生まれ変わったのです。また、各事業場で使用する化学品製品のデータベースが加えられ、成分や GHS 分類などを保存して整理できるほか、リスクアセスメントのたびに物質情報を呼び出せるようになりました。
　ばく露限界値についても、許容濃度や TLVs に加え、新たに濃度基準値が取り入れられました。ドイツ研究振興協会（DFG）の MAK（最大職業濃度値）も利用可能になっています。これらは、①濃度基準値、②各種ばく露限界値のうち最小の値、の順で自動的に採用されますが、侫用するばく露限界値を事業者自身で選択することもできるようになっています。その他の主な変更点は下記のとおりです。
・リスクレベルⅡをⅡ-A、Ⅱ-B に細分化
・呼吸用保護具の使用については、実施レポート段階でのみ選択可能に変更
・局所排気装置について、制御風速の確認に関する設問を追加
・揮発性の区分に「極低揮発性」を追加
　管理目標濃度の設定方法や呼吸用保護具の補正係数なども見直されています。
　このバージョンアップにあわせ、本書も ver.3.0 に対応すべく、改訂いたしました。

PRE-WORK

CREATE-SIMPLE を入手する

1 Web サイト「職場のあんぜんサイト」を開く

ホームページのタイトル等を Web ブラウザの検索窓に入力して検索する方法 (A) と、アドレスバーにアドレスを直接入力する方法 (B) の、2 つの方法があります。

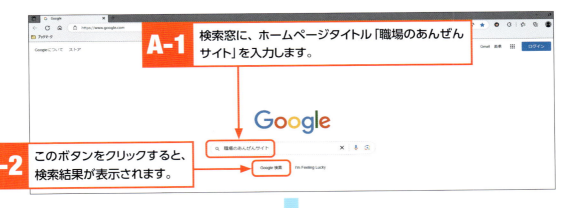

A-1 検索窓に、ホームページタイトル「職場のあんぜんサイト」を入力します。

A-2 このボタンをクリックすると、検索結果が表示されます。

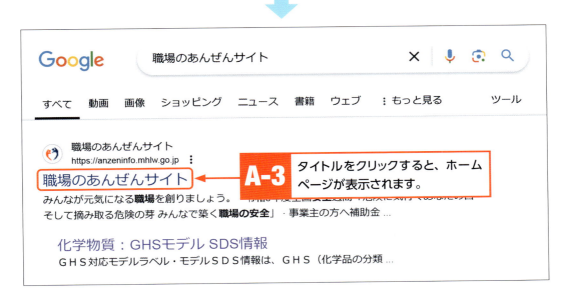

A-3 タイトルをクリックすると、ホームページが表示されます。

B-1 アドレスバーに、下記のアドレスを入力します。
https://anzeninfo.mhlw.go.jp/

B-2 ENTERキーを押すと、ホームページが表示されます。

2 「化学物質のリスクアセスメント実施支援」の画面を開く

1 「職場のあんぜんサイト」が開いたら、右端の「化学物質」をクリックします。

2 続けて「化学物質のリスクアセスメント実施支援」をクリックします。

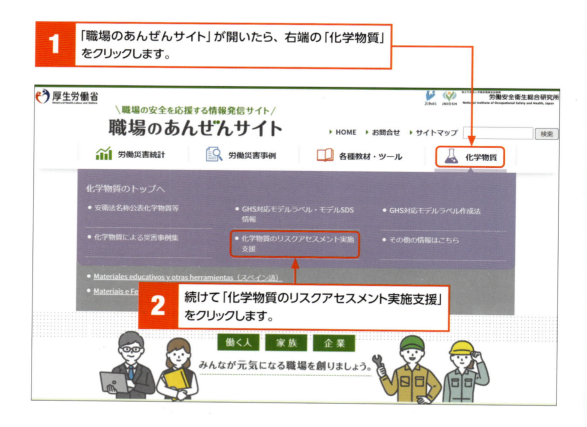

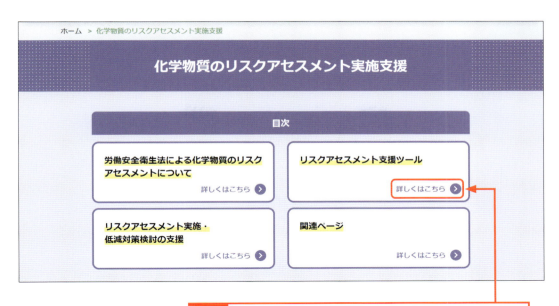

3 「化学物質のリスクアセスメント実施支援」目次画面から、「リスクアセスメント支援ツール」の「詳しくはこちら」をクリックします。

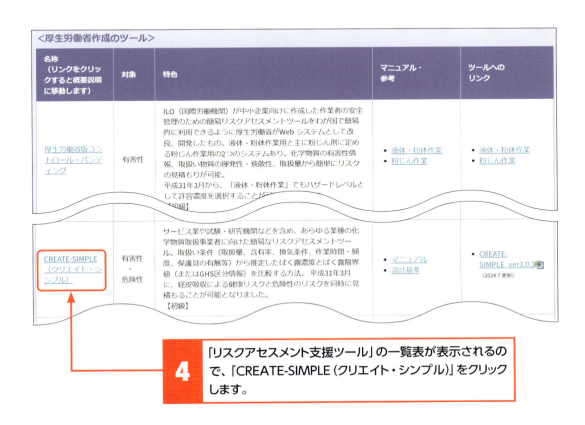

4 「リスクアセスメント支援ツール」の一覧表が表示されるので、「CREATE-SIMPLE（クリエイト・シンプル）」をクリックします。

3 「CREATE-SIMPLE」をダウンロードする

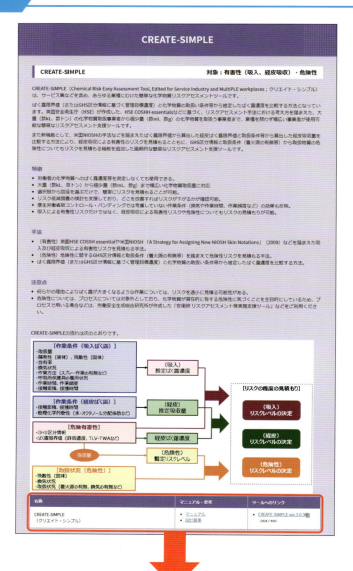

1 「CREATE-SIMPLE」の紹介ページが開くので、必要事項を確認します。

2 「ツールへのリンク」の「CREATE-SIMPLE ver.3.0.3」をクリックすると、Excelファイルの「CREATE-SIMPLE」がダウンロードされます。

3 同時に「マニュアル」もクリックして、ダウンロードしておきましょう。

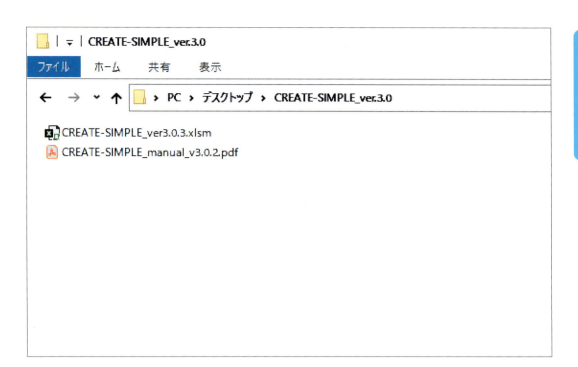

4 これでダウンロードは完了です。

CREATE-SIMPLE を使用する前に

　CREATE-SIMPLE は Excel ファイルです。5 枚のシートが格納されていて、これらに入力等をすることでリスクアセスメントを行います。

　まず、ダウンロードしたファイルをダブルクリックしてファイルを開いてみましょう。このとき、「セキュリティの警告」が表示される場合がありますが、マクロは有効にして下さい。

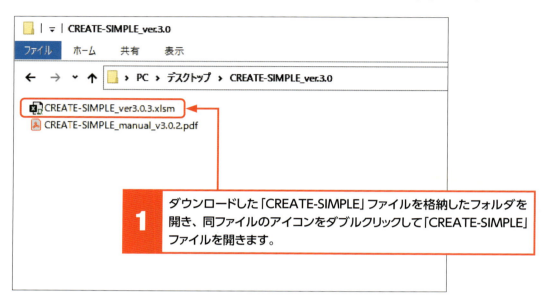

1 ダウンロードした「CREATE-SIMPLE」ファイルを格納したフォルダを開き、同ファイルのアイコンをダブルクリックして「CREATE-SIMPLE」ファイルを開きます。

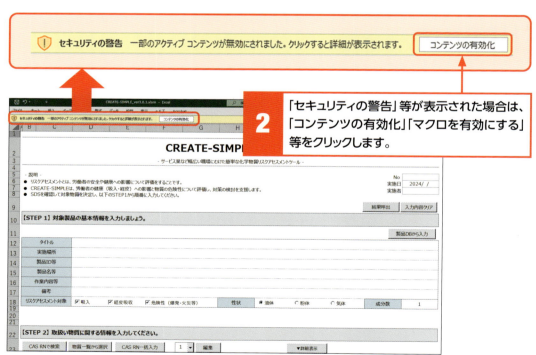

2 「セキュリティの警告」等が表示された場合は、「コンテンツの有効化」「マクロを有効にする」等をクリックします。

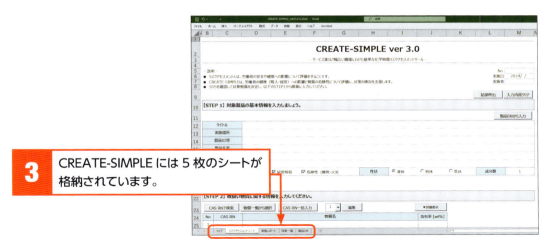

3 CREATE-SIMPLE には5枚のシートが格納されています。

トップ

4 「注意事項」や「更新履歴」が記されています。旧バージョンからのデータ移行も行えます。

リスクアセスメントシート

5 ここに必要事項を入力して、リスクアセスメントを行います。

実施レポート

6 リスクアセスメントの結果が表示されます。リスク低減措置の検討もここで行います。

結果一覧

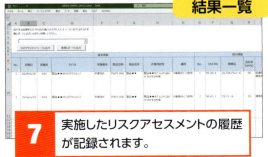

7 実施したリスクアセスメントの履歴が記録されます。

製品データベース

8 取扱化学物質のユーザーデータを保存するデータベースが設けられました。

STEP 0
リスクアセスメント実施のための情報収集

1　SDS など不可欠の情報を収集する

リスクアセスメントを実施するに当たり、不可欠となる情報には、下記などがあります。
① SDS（Safety Data Sheet 安全データシート）など、リスクアセスメントの対象となる化学物質等（以下「リスクアセスメント対象物」という）にかかる危険性、有害性に関する情報
② 作業標準や作業手順書、機械設備に関する情報など、リスクアセスメント等の対象となる作業を実施する状況に関する情報

SDS は、リスクアセスメント対象物を譲渡・提供するときには交付しなければならないことになっていますので、手元になければ譲渡・提供元に相談しましょう。

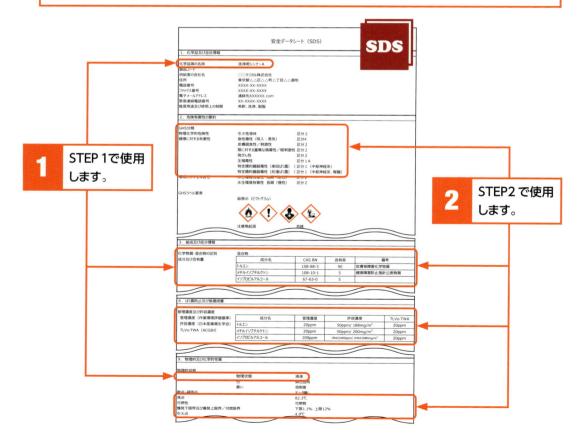

2 モデル SDS を検索する

必要に応じて、成分ごとの SDS も用意します。単一のリスクアセスメント対象物の SDS は、厚生労働省の「職場のあんぜんサイト」に「モデル SDS」として用意されています。以下のように検索します。

1 PRE-WORK 1の手順で「職場のあんぜんサイト」を開き、右端の「化学物質」をクリックします。

2 続けて「GHS 対応モデルラベル・モデル SDS 情報」をクリックします。

3 「モデル SDS 情報」の検索画面が表示されるので、物質名称や CAS 番号などを入力し、検索を開始します。

3-A 検索窓に、化学物質の名称を日本語で入力し、「検索開始」ボタンをクリックします。

3-B もしくは、検索窓に CAS 番号を入力して、「検索開始」ボタンをクリックします。

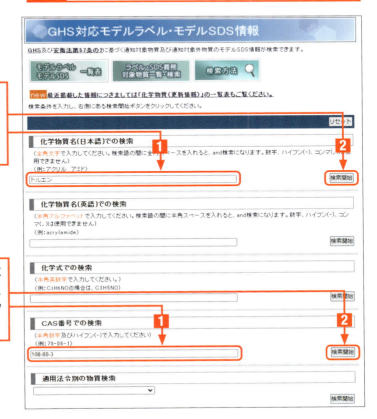

11

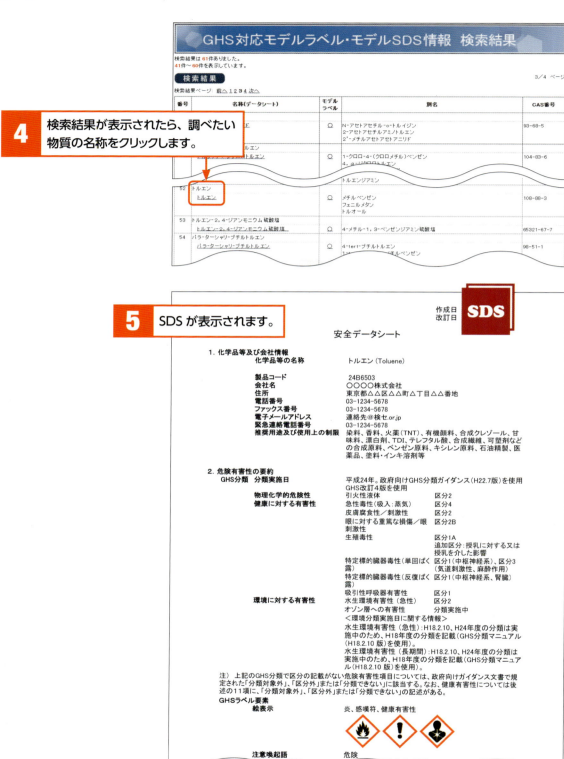

4 検索結果が表示されたら、調べたい物質の名称をクリックします。

5 SDS が表示されます。

そのほか、機械設備のレイアウト図や作業環境測定結果など作業場の環境に関する情報や、労働者のばく露に係るデータ、災害事例などの資料も用意しておくことが望まれます。

STEP 1
リスクアセスメント対象製品の基本情報の入力

1 対象製品の基本情報を入力する

1 「CREATE-SIMPLE」のファイルを開き、2番目のタブをクリックしてリスクアセスメントシートを表示します。

本書では、以下の事例を題材に解説を進めます。
① 実施場所：第一作業室の一角（縦・横 25m、天井高さ 5m の一角）
② 製品名称：洗浄用シンナーA
③ 作業内容等：油差し用の容器に入れられた洗浄用シンナーを機械部品にかけ、これをエアーガンでエアーを吹き付けて油分等を吹き飛ばしたり、洗浄用シンナーを染み込ませたウエスを用いて拭き取ったりする作業
④ 洗浄用シンナー A の使用量：50mL/ 1回 × 30 個 = 1.5L
⑤ 対象化学製品成分量：トルエン 90%、メチルイソブチルケトン 5%、イソプロピルアルコール 5%
⑥ 塗布面積換算：$0.05m^2$ × 30 個 = $1.5m^2$
⑦ 換気状況：工場壁面上部の換気扇による全体換気
⑧ 作業時間：90 分程度の連続した脱脂洗浄作業
⑨ 1週間当たりの作業頻度：上記⑧の作業を週 3 回程度
⑩ 化学製品等の使用温度：室温 (30℃)
⑪ 皮膚への付着の程度：素手の作業（両手のひらに付着することがある）
⑫ 手袋の適正な使用方法に関する教育の有無：なし
⑬ 着火源を取り除く対策の有無：なし
⑭ 爆発性雰囲気形成の防止対策の有無：なし
⑮ 近傍で有機物や金属の取扱いの有無：なし
⑯ 取扱物質が空気または水に接触する可能性の有無：あり（空気）

A-1 各ステップの共通項目ともなる「タイトル」（作業名）や「実施場所」、「製品名等」「作業内容等」を手入力します。

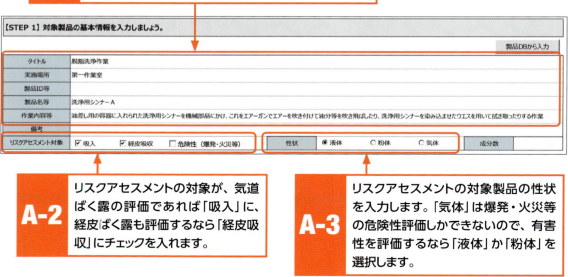

A-2 リスクアセスメントの対象が、気道ばく露の評価であれば「吸入」に、経皮ばく露も評価するなら「経皮吸収」にチェックを入れます。

A-3 リスクアセスメントの対象製品の性状を入力します。「気体」は爆発・火災等の危険性評価しかできないので、有害性を評価するなら「液体」か「粉体」を選択します。

A-4 リスクアセスメントの対象製品の成分数を入力します。「成分数」記入窓をクリックすると現れる▼ボタンをクリックし、プルダウンメニューから数を選択します。なお、製品の成分・含有率はSDSに記載されています。

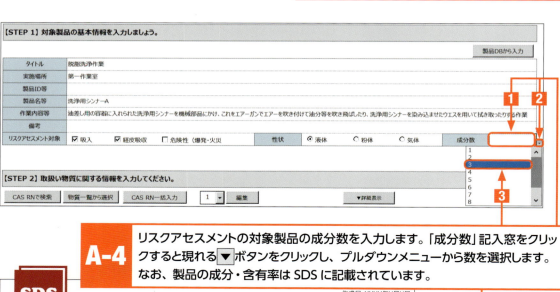

「製品データベース」に登録してある製品は、「製品DBから入力」ボタンから読み込ませることができます。以下の **B** の手順で行います。

B-1 【STEP 1】画面の右上にある「製品DBから入力」ボタンをクリックします。

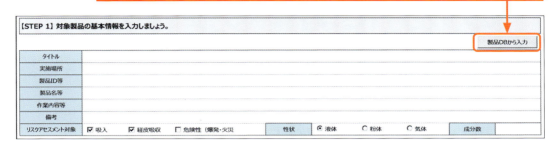

B-2 入力フォームが立ち上がるので、今回調査する製品を選択し、「入力」ボタンをクリックします。

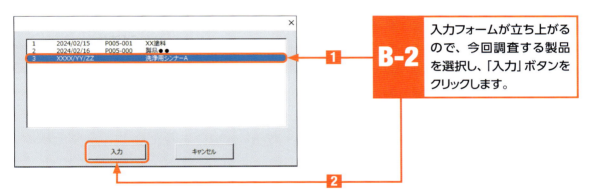

B-3 「製品名等」「性状」「成分数」のほか、STEP2で入力する各成分ごとの「GHS分類」や「ばく露限界値」などの成分に関する情報も自動入力されます。

B-4 「タイトル」や「実施場所」「作業内容等」「リスクアセスメント対象」を手入力して完了です。

STEP 2
リスクアセスメント対象製品の成分に関する情報の入力

1 GHS分類情報等を自動入力する

　対象製品の成分を入力すると、最大10物質まで、あらかじめ登録されたばく露限界値やGHS分類情報などを一括して呼び出し、自動入力することができます。各成分のCAS番号を入力することで自動入力する方法と、成分の物質名により物質一覧から該当物質を選択して自動入力する方法があります。

A 各成分のCAS番号を手入力して、GHS分類情報等を自動入力する方法です。

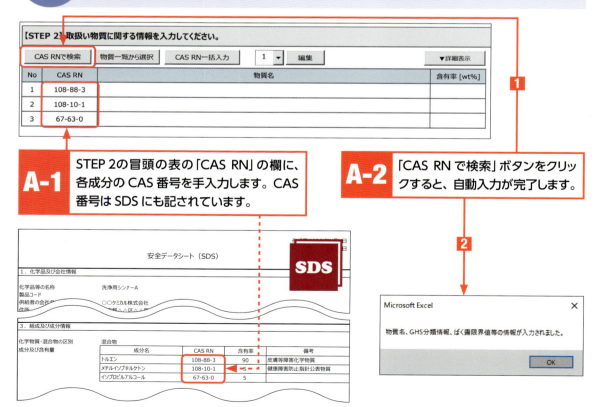

A-1 STEP 2の冒頭の表の「CAS RN」の欄に、各成分のCAS番号を手入力します。CAS番号はSDSにも記されています。

A-2 「CAS RNで検索」ボタンをクリックすると、自動入力が完了します。

各成分のCAS番号を一括入力して、GHS分類情報等を一度に自動入力する方法です。

B-1 「CAS RN 一括入力」ボタンをクリックするとフォームが開くので、全ての成分のCAS番号を、改行（Ctrlキー＋改行キー）もしくはカンマ区切りで手入力します。

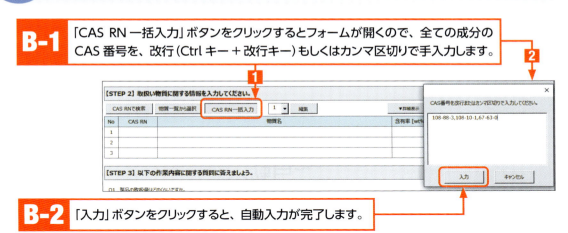

B-2 「入力」ボタンをクリックすると、自動入力が完了します。

CAS番号がわからない場合に、成分の物質名により物質一覧から該当物質を選択して、GHS分類情報等を一度に自動入力する方法です。

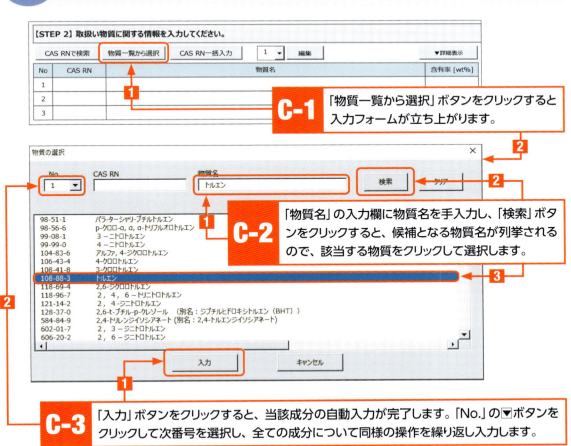

C-1 「物質一覧から選択」ボタンをクリックすると入力フォームが立ち上がります。

C-2 「物質名」の入力欄に物質名を手入力し、「検索」ボタンをクリックすると、候補となる物質名が列挙されるので、該当する物質をクリックして選択します。

C-3 「入力」ボタンをクリックすると、当該成分の自動入力が完了します。「No.」の▼ボタンをクリックして次番号を選択し、全ての成分について同様の操作を繰り返し入力します。

2 自動入力された情報を確認し、追加・更新する

　自動入力された情報に、含有率を追加入力します。また、取扱温度が常温以外の場合はその値を入力するほか、ばく露限界値等の数値を最新の SDS と照合し、改められているものがあれば更新入力します。必要に応じて、使用するばく露限界値を選択することもできます。

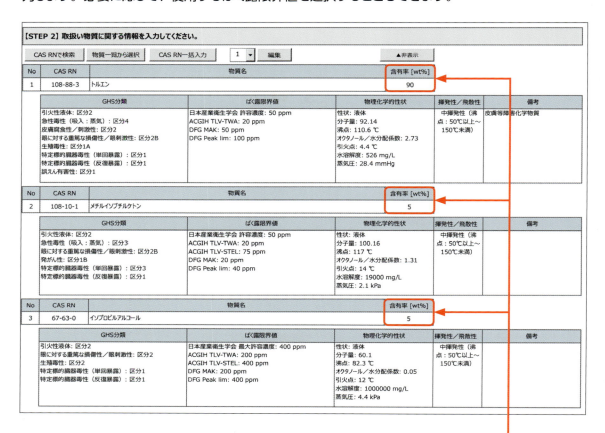

1 A、B、C のいずれかの操作を行い「入力」ボタンをクリックすると、GHS 分類やばく露限界値などの情報が自動入力されます。各成分の「含有率（wt%）」は空欄なので、それぞれ手入力します。

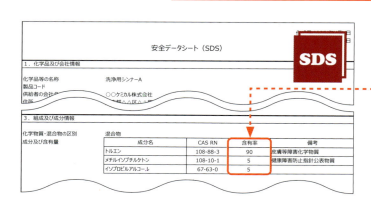

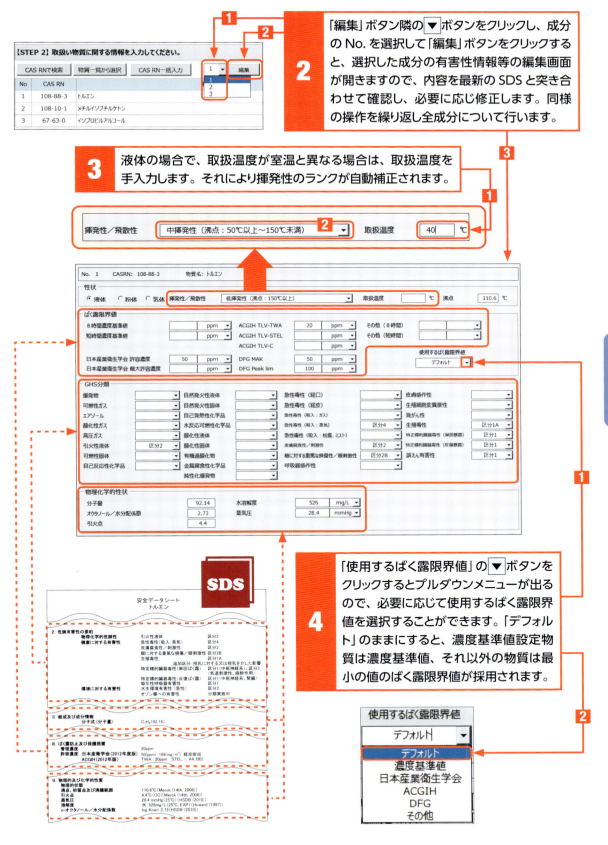

STEP 3

作業条件等の入力

　Q1～Q10までの質問に答える形で入力を進めます。回答欄のセルをクリックすると▼ボタンが現れるので、それをクリックしてプルダウンメニューを開いて入力します。

1 作業条件等を入力する

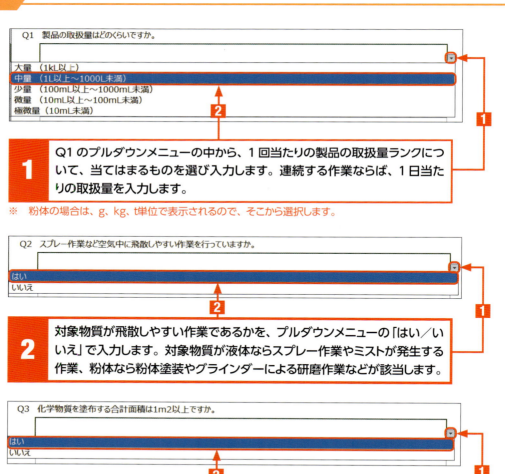

1 Q1のプルダウンメニューの中から、1回当たりの製品の取扱量ランクについて、当てはまるものを選び入力します。連続する作業ならば、1日当たりの取扱量を入力します。

※ 粉体の場合は、g、kg、t単位で表示されるので、そこから選択します。

2 対象物質が飛散しやすい作業であるかを、プルダウンメニューの「はい／いいえ」で入力します。対象物質が液体ならスプレー作業やミストが発生する作業、粉体なら粉体塗装やグラインダーによる研磨作業などが該当します。

3 対象物質を塗布する面積が1m² 以上であれば「はい」を、1m² 未満であれば「いいえ」をプルダウンメニューから選んで入力します。

※ 粉体の場合は、この質問項目は表示されません。

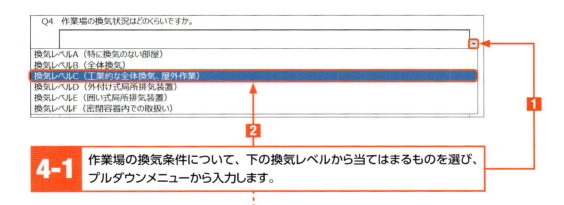

4-1 作業場の換気条件について、下の換気レベルから当てはまるものを選び、プルダウンメニューから入力します。

【換気レベル A】特に換気がない部屋	・換気のない密閉された部屋でも、通常人がいる環境であれば最低限の自然換気はあると考えられる ・下記のレベル B ～ レベル F に該当しない場合も選択
【換気レベル B】全体換気	・窓やドアが開いている部屋 ・一般的な換気扇のある部屋（例：台所用小型換気扇） ・ビル内で全体空調がある場合（例：中央管理区分式の空調）　一般に一定程度の外気取入れがある ・大空間の屋内の一部（例：ショッピングセンターや大きな作業場の一隅など）
【換気レベル C】工業的な全体換気、屋外作業	・工業的な全体換気装置のある部屋（大型換気扇や排風機） ・屋外作業
【換気レベル D】外付け式局所排気装置	・化学物質の発散源近くで上方向や横方向から吸引する場合（例：調理場の上部吸引フード） ・プッシュプル型換気装置
【換気レベル E】囲い式局所排気装置	・実験室のドラフトチャンバーの中に化学物質を置いて作業する場合など
【換気レベル F】密閉容器内での取扱い	・密閉設備（漏れがないこと） ・グローブボックス（密閉型作業箱）の中に化学物質を置いて作業する場合など

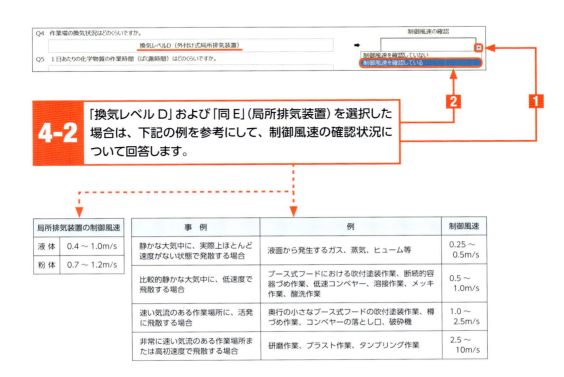

4-2 「換気レベル D」および「同 E」（局所排気装置）を選択した場合は、下記の例を参考にして、制御風速の確認状況について回答します。

局所排気装置の制御風速	
液体	0.4 ～ 1.0m/s
粉体	0.7 ～ 1.2m/s

事 例	例	制御風速
静かな大気中に、実際上ほとんど速度がない状態で発散する場合	液面から発生するガス、蒸気、ヒューム等	0.25 ～ 0.5m/s
比較的静かな大気中に、低速度で飛散する場合	ブース式フードにおける吹付塗装作業、断続的容器づめ作業、低速コンベヤー、溶接作業、メッキ作業、酸洗作業	0.5 ～ 1.0m/s
速い気流のある作業場所に、活発に飛散する場合	奥行の小さなブース式フードの吹付塗装作業、樽づめ作業、コンベヤーの落とし口、破砕機	1.0 ～ 2.5m/s
非常に速い気流のある作業場所または高初速度で飛散する場合	研磨作業、ブラスト作業、タンブリング作業	2.5 ～ 10m/s

2 作業時間、頻度などについて入力する

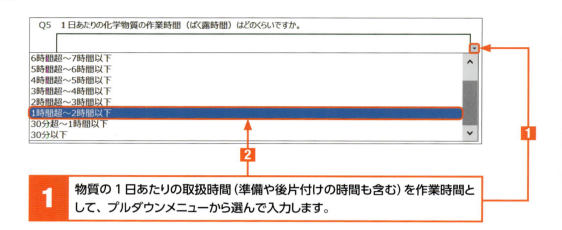

1 物質の1日あたりの取扱時間（準備や後片付けの時間も含む）を作業時間として、プルダウンメニューから選んで入力します。

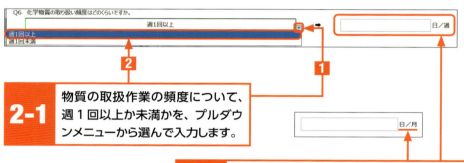

2-1 物質の取扱作業の頻度について、週1回以上か未満かを、プルダウンメニューから選んで入力します。

2-2 「週1回以上」の場合は、1週間当たりの取扱日数を手入力します。「週1回未満」の場合は表示が「日／月」となるので1カ月当たりの取扱日数を入力します。

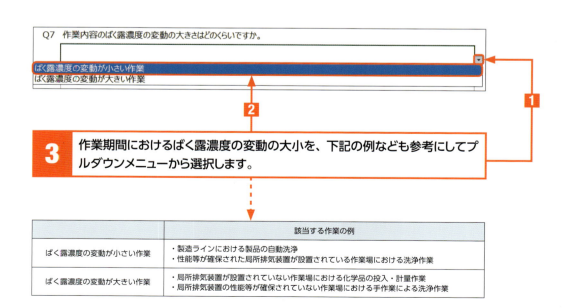

3 作業期間におけるばく露濃度の変動の大小を、下記の例なども参考にしてプルダウンメニューから選択します。

	該当する作業の例
ばく露濃度の変動が小さい作業	・製造ラインにおける製品の自動洗浄 ・性能等が確保された局所排気装置が設置されている作業場における洗浄作業
ばく露濃度の変動が大きい作業	・局所排気装置が設置されていない作業場における化学品の投入・計量作業 ・局所排気装置の性能等が確保されていない作業場における手作業による洗浄作業

3 経皮ばく露や手袋着用状況について入力する

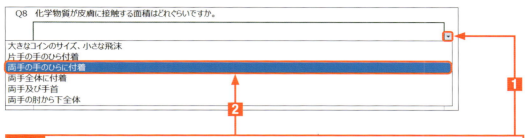

1 作業中に化学物質の飛沫などが接触すると考えられる部位などを、プルダウンメニューから選択します。判断がつかない場合には、より安全側（より大きな接触面積）を選択します。

2 作業中の化学防護手袋の着用の有無、着用している手袋が取扱物質の特性に対応しているか否かをプルダウンメニューから選択します。

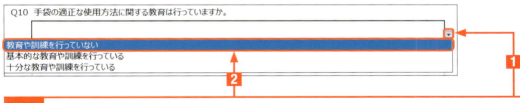

3 下記の例なども参考にして、手袋の着用についての教育の実施状況をプルダウンメニューから選択します。「十分な教育や訓練」とは、保護具着用管理責任者を選任して、耐透過性や耐浸透性、廃棄方法などの教育を再教育も含め行っていることなどを指します。

基本的な教育や訓練		十分な教育や訓練	
種類	補足説明・事例該当する作業の例	種類	補足説明・事例該当する作業の例
体制	作業場ごとに化学防護手袋を管理する保護具着用管理責任者を指名し、化学防護手袋の適正な選択、着用及び取扱方法について労働者に対し必要な指導を行いましょう。		取扱説明書に記載されている耐透過性クラス等を参考として、作業に対して余裕のある使用時間を設定し、その時間の範囲内で化学防護手袋を使用しましょう。
選択	化学防護手袋には、素材がいろいろあり、また素材の厚さ、手袋の大きさ、腕まで防護するものなど、多種にわたっているので、作業にあったものを選ぶようにしましょう。	使用	化学防護手袋に付着した化学物質は透過が進行し続けるので、作業を中断しても使用可能時間は延長しないようにしましょう。
	使用する化学物質に対して、劣化しにくく（耐劣化性）、透過しにくい（耐透過性）素材のものを選定するようにしましょう。		化学防護手袋を脱ぐときは、付着している化学物質が、身体に付着しないよう、できるだけ化学物質の付着面が内側になるように外しましょう。
	自分の手にあった使いやすいものを使用しましょう。		強度の向上等の目的で、化学防護手袋とその他の手袋を二重装着した場合でも、化学防護手袋は使用可能時間の範囲で使用しましょう。
	作業者に対して皮膚アレルギーの無いことを確認しましょう。	保管	直射日光、高温多湿を避け、冷暗所に保管して下さい。またオゾンを発生する機器（モーター類、殺菌灯等）の近くに保管しないようにしましょう。
使用	使用前に、傷、孔あき、亀裂等の外観上の問題が無いことを確認するとともに、手袋の内側に空気を吹き込んで空気が抜けないことを確認しましょう。	廃棄	取り扱った化学物質の安全データシート（SDS）、法令等に従って適切に廃棄しましょう。
	使用中に、ひっかけ、突き刺し、引き裂きなどを生じたときは、すぐに交換しましょう。		化学物質に触れることで、成分が抜けて硬くなったゴムは、組成の変化により物性が変化していると考えられるので、再利用せず廃棄しましょう。

4 危険源への対策状況などについて入力する

危険性（爆発・火災等）のリスクアセスメントではQ11〜Q15にも入力します。

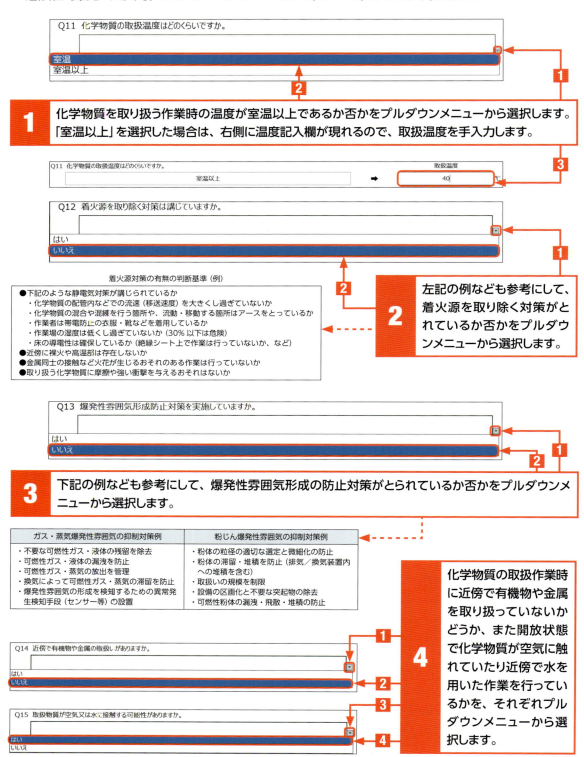

STEP 4

リスクの判定

リスクアセスメントシート下部の「STEP 4 リスクの判定」画面に判定結果を表示させます。

1 全ての情報の入力が完了したら、リスクアセスメントシート下部に設けられている「STEP 4 リスクの判定」画面の「リスクを判定」ボタンをクリックして、判定結果を表示させます。

2 吸入（8時間および短時間）、経皮吸収について、それぞればく露限界値（または管理目標濃度）と推定ばく露濃度が表示されます。前者よりも後者が小さければリスクが小さいと判定されますが、ここでは吸入については後者が大きくリスクは大、経皮吸収については後者が小さくリスクは小と判定されています。

3 吸入（8時間および短時間）と経皮吸収、両者の合計のリスクレベルがⅠ〜Ⅳの4段階で示されます。レベルⅡまでに抑えたいものです。ここでは、吸入と合計はレベルⅣで最大と判定されました。吸入（8時間）は、ばく露限界値の2分の1を基準としてリスクレベルⅡ-A、Ⅱ-Bに再区分されていて、濃度基準値設定物質に関し、屋内作業でⅡ-B（短時間はⅢ）以上と判定された場合は確認測定等を実施します。

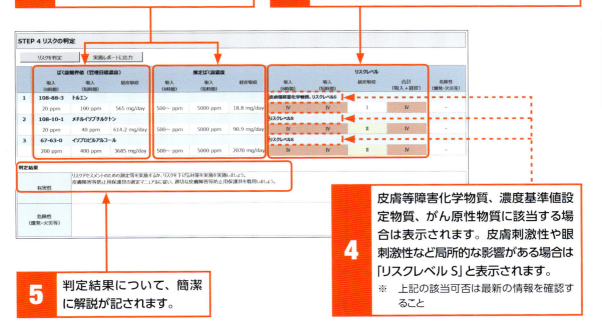

4 皮膚等障害化学物質、濃度基準値設定物質、がん原性物質に該当する場合は表示されます。皮膚刺激性や眼刺激性など局所的な影響がある場合は「リスクレベル S」と表示されます。
※ 上記の該当可否は最新の情報を確認すること

5 判定結果について、簡潔に解説が記されます。

6 危険性のリスクアセスメントでは、判定結果はこちらに示されます。
ただし、化学プラント等のプロセス（反応、加圧・減圧、昇温・冷却等）は考慮されておらず、基本的に物質が潜在的に有している危険性を対象としていることに注意が必要です。

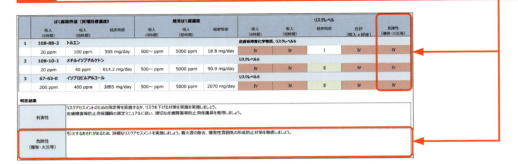

7 判定結果を確認したら、「実施レポートに出力」ボタンをクリックします。

製品データベースに登録する

　ver.3.0 では、新たに「製品データベース」シートが設けられました。ふだんから事業場で使用している化学製品は、製品データベースに登録しておくと管理が容易になります。登録の手順は下記のとおりです。

1 「製品DB」タブをクリックしてシートを開き、▼ボタンをクリックしてプルダウンメニューから登録したい番号を選択して、「登録・修正」ボタンをクリックします。

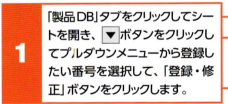

2 入力シートが開くので、製品の基本情報や成分の CAS 番号（物質名は自動入力）、含有率、GHS 分類などを入力し、入力ボタンをクリックします。

3 データベースに登録されます。

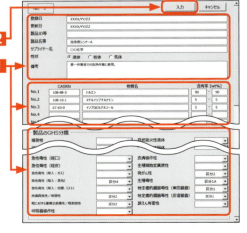

8 実施レポートシートに「リスクアセスメント実施レポート」が表示されます。吸入と合計のリスクレベルがⅣとリスクが大きいので、リスク低減対策の検討を行います。

リスクアセスメント実施レポート

- 説明 -
- リスクアセスメントシートで実施した結果が表示されます。
- このシートでリスク低減措置の内容を検討し、労働者に周知を行いましょう。

No／実施日／実施者

［PDFに保存］［結果呼出］［入力内容クリア］

基本情報

タイトル	脱脂洗浄作業
実施場所	第一作業室
製品ID等	
製品名等	洗浄用シンナーA
作業内容等	油差し用の容器に入れられた洗浄用シンナーを機械部品にかけ、これをエアーガンでエアーを吹き付けて油分等を吹き飛ばしたり、洗浄用シンナーを染み込ませたウエスを用いて拭き取ったりする作業
備考	

No	CAS RN	物質名	含有率 [wt%]
1	108-88-3	トルエン	90
2	108-10-1	メチルイソブチルケトン	5
3	67-63-0	イソプロピルアルコール	5

リスク低減対策の検討

※「リスク低減対策の検討」のQ1〜Q15の選択肢を変更し、【再度リスクを判定】をクリックすることによって、リスク低減対策後の結果が表示されます。　　［リスクの再判定］

	設問	現状	対策後	リスク低減対策の検討
吸入	Q1. 取扱量	中量（1L以上〜1000L未満）		中量（1L以上〜1000L未満）
	Q2. スプレー作業の有無	はい		はい
	Q3. 塗布面積1m2超	はい		はい
	Q4. 換気レベル	換気レベルC（工業的な全体換気、屋外作業）		換気レベルC（工業的な全体換気、屋外作業）
	制御風速の確認			
	Q5. 作業時間	1時間超〜2時間以下		1時間超〜2時間以下
	Q6. 作業頻度	3日／週		週1回以上　3　日／週
	Q7. ばく露の変動の大きさ	ばく露濃度の変動が小さい作業		ばく露濃度の変動が小さい作業
	[オプション] 呼吸用保護具			
	フィットテストの方法			
経皮吸収	Q8. 接触面積	両手の手のひらに付着		両手の手のひらに付着
	Q9. 化学防護手袋	取扱物質に関する情報のない手袋を使用している		取扱物質に関する情報のない手袋を使用している
	Q10. 保護員の教育	教育や訓練を行っていない		教育や訓練を行っていない

備考（任意）

リスクの再判定結果

		ばく露限界値（管理目標濃度）			推定ばく露濃度			リスクレベル				
		吸入（8時間）	吸入（短時間）	経皮吸収	吸入（8時間）	吸入（短時間）	経皮吸収	吸入（8時間）	吸入（短時間）	経皮吸収	合計（吸入＋経皮）	危険性（爆発・火災等）
1	108-88-3　トルエン						皮膚等障害化学物質、リスクレベルS					
現状		20 ppm	100 ppm	565 mg/day	500〜 ppm	5000 ppm	18.8 mg/day	Ⅳ	Ⅳ	Ⅰ	Ⅳ	-
対策後												
2	108-10-1　メチルイソブチルケトン						リスクレベルS					
現状		20 ppm	40 ppm	614.2 mg/day	500〜 ppm	5000 ppm	90.9 mg/day	Ⅳ	Ⅳ	Ⅱ	Ⅳ	-
対策後												
3	67-63-0　イソプロピルアルコール						リスクレベルS					
現状		200 ppm	400 ppm	3685 mg/day	500〜 ppm	5000 ppm	2070 mg/day	Ⅳ	Ⅳ	Ⅱ	Ⅳ	-
対策後												

有害性	リスクアセスメントのための測定等を実施するか、リスクを下げる対策を実施しましょう。皮膚障害等防止用保護具の選定マニュアルに従い、適切な皮膚障害等防止用保護具を着用しましょう。
危険性（爆発・火災等）	

STEP 4

STEP 5

リスク低減対策の検討

　実施レポートシートの中ほどの「リスク低減対策の検討」欄に表示されるQ1～Q10まで（「危険性」を検討する場合はQ1およびQ11～Q15まで）の質問のうち、より強い対策を行える項目について、回答を変更する形で右端の入力欄に入力し、リスクレベルが低減するかどうかを確かめます。以下に、検討の例を示します。

1　対策可能な項目の回答を変更入力 (1)

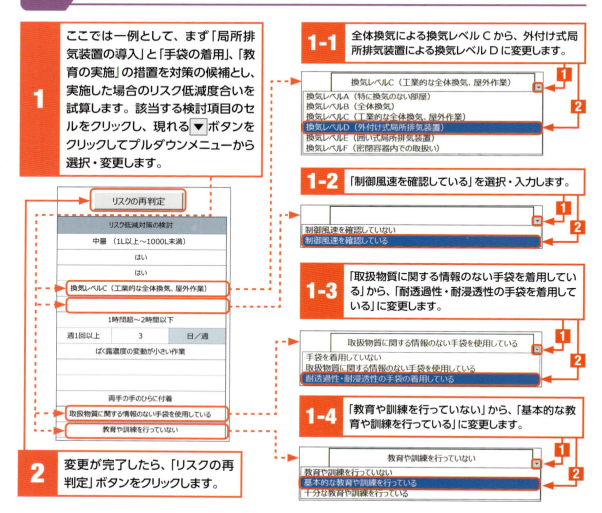

2 対策後のリスクを判定（1）

1-1 低減対策後の設備、作業状況等が示されます。

リスク低減対策の検討

※「リスク低減対策の検討」のQ1～Q15の選択肢を変更し、【再度リスクを判定】をクリックすることによって、リスク低減対策後の結果が表示されます。

	設問	現状	対策後
吸入	Q1. 取扱量	中量（1L以上～1000L未満）	中量（1L以上～1000L未満）
	Q2. スプレー作業の有無	はい	はい
	Q3. 塗布面積1m2超	はい	はい
	Q4. 換気レベル	換気レベルC（工業的な全体換気、屋外作業）	換気レベルD（外付け式局所排気装置）
	制御風速の確認		制御風速を確認している
	Q5. 作業時間	1時間超～2時間以下	1時間超～2時間以下
	Q6. 作業頻度	3日／週	3日／週
	Q7. ばく露の変動の大きさ	ばく露濃度の変動が小さい作業	ばく露濃度の変動が小さい作業
	[オプション] 呼吸用保護具		
	フィットテストの方法		
経皮吸収	Q8. 接触面積	両手の手のひらに付着	両手の手のひらに付着
	Q9. 化学防護手袋	取扱物質に関する情報のない手袋を使用している	耐透過性・耐浸透性の手袋を着用している
	Q10. 保護具の教育	教育や訓練を行っていない	基本的な教育や訓練を行っている

1-2 対策後の推定ばく露濃度が示されます。推定経皮吸収量は大きく減少しますが、吸入の推定ばく露濃度は目立った改善はありません。

1-3 吸入と合計（吸入+経皮）のリスクレベルに変化は見られず、Ⅳのままです。

2 リスクレベルが許容可能な範囲（リスクレベルⅡ）にまで下がらないと推定されるため、再度、リスク低減対策の検討を行います。

※ 例示で用いた洗浄用シンナーは、皮膚等障害化学物質等（トルエンを1％以上含有）に該当するので、実際には、リスクアセスメントの結果によらず、耐透過性・耐浸透性の保護具の使用義務があります。

STEP 5

3 対策可能な項目の回答を変更入力(2)

1 再検討の一例として、「局所排気装置の導入」についての措置をいっそう強化し、「囲い式局所排気装置」を導入することとし、実施した場合のリスク低減度合いを試算します。

1-1 換気レベルのセルをクリックし、現れる▼ボタンをクリックしてプルダウンメニューを引き出し、「換気レベルD（外付け式局所排気装置）」から「換気レベルE（囲い式局所排気装置）」に変更します。

2 変更が完了したら、「リスクの再判定」ボタンをクリックします。

4 対策後のリスクを判定(2)

1-1 対策前の状況と、再検討した低減対策後の設備、作業状況等が示されます。

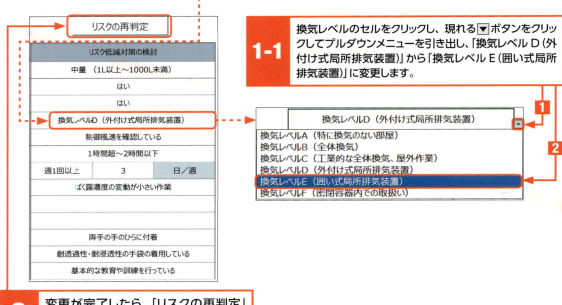

	設問	現状	対策後
吸入	Q1. 取扱量	中量（1L以上～1000L未満）	中量（1L以上～1000L未満）
	Q2. スプレー作業の有無	はい	はい
	Q3. 塗布面積1m²超	はい	はい
	Q4. 換気レベル	換気レベルC（工業的な全体換気、屋外作業）	換気レベルE（囲い式局所排気装置）
	制御風速の確認		制御風速を確認している
	Q5. 作業時間	1時間超～2時間以下	1時間超～2時間以下
	Q6. 作業頻度	3日／週	3日／週
	Q7. ばく露の変動の大きさ	ばく露濃度の変動が小さい作業	ばく露濃度の変動が小さい作業
	[オプション] 呼吸用保護具		
	フィットテストの方法		
経皮吸収	Q8. 接触面積	両手の手のひらに付着	両手の手のひらに付着
	Q9. 化学防護手袋	取扱物質に関する情報のない手袋を使用している	耐透過性・耐浸透性の手袋の着用している
	Q10. 保護具の教育	教育や訓練を行っていない	基本的な教育や訓練を行っている

1-2 再対策後の推定ばく露濃度が示されます。吸入の推定ばく露濃度は低減されますが、いまだ十分とは言えない高濃度です。

1-3 トルエンとメチルイソブチルケトンの吸入のリスクレベルはⅣのまま。低減したイソプロピルアルコールもⅢに止まっています。

2 リスクレベルが許容可能な範囲（リスクレベルⅡ）にまで下がらないと推定されるため、みたびリスク低減対策の検討を行います。

5 対策可能な項目の回答を変更入力 (3)

1 三度目の検討を行いますが、これ以上の設備面での措置は困難であるため、呼吸用保護具を着用することとし、実施した場合のリスク低減度合いを試算します。

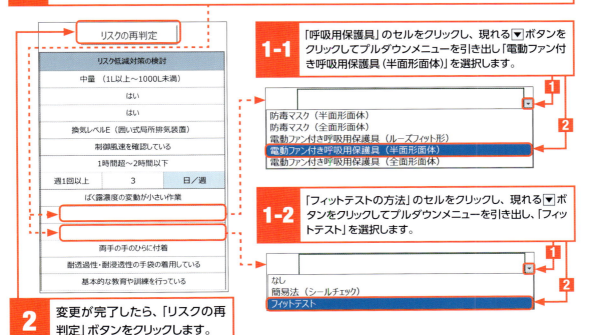

1-1 「呼吸用保護具」のセルをクリックし、現れる▼ボタンをクリックしてプルダウンメニューを引き出し「電動ファン付き呼吸用保護具（半面形面体）」を選択します。

1-2 「フィットテストの方法」のセルをクリックし、現れる▼ボタンをクリックしてプルダウンメニューを引き出し、「フィットテスト」を選択します。

2 変更が完了したら、「リスクの再判定」ボタンをクリックします。

6 対策後のリスクを判定(3)

1-1 対策前の状況と、みたび検討した低減対策後の設備、作業状況等が示されます。

	設問	現状	対策後
吸入	Q1. 取扱量	中量（1L以上～1000L未満）	中量（1L以上～1000L未満）
	Q2. スプレー作業の有無	はい	はい
	Q3. 塗布面積1m2超	はい	はい
	Q4. 換気レベル	換気レベルC（工業的な全体換気、屋外作業）	換気レベルE（囲い式局所排気装置）
	制御風速の確認		制御風速を確認している
	Q5. 作業時間	1時間超～2時間以下	1時間超～2時間以下
	Q6. 作業頻度	3日／週	3日／週
	Q7. ばく露の変動の大きさ	ばく露濃度の変動が小さい作業	ばく露濃度の変動が小さい作業
	[オプション] 呼吸用保護具		電動ファン付き呼吸用保護具（半面形面体）
	フィットテストの方法		フィットテスト
経皮吸収	Q8. 接触面積	両手の手のひらに付着	両手の手のひらに付着
	Q9. 化学防護手袋	取扱物質に関する情報のない手袋を使用している	耐透過性・耐浸透性の手袋の着用している
	Q10. 保護具の教育	教育や訓練を行っていない	基本的な教育や訓練を行っている

1-2 三度目の対策後の推定ばく露濃度が示されます。吸入の推定ばく露濃度は大きく低減され、それぞればく露限界値を下回りました。

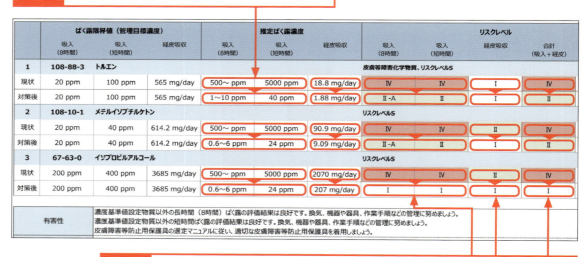

1-3 吸入および合計のリスクレベルはトルエンとメチルイソブチルケトンがⅡ（Ⅱ-A）、イソプロピルアルコールはⅠ、経皮吸収のリスクレベルはいずれもⅠとなり、許容可能なリスクにまで低減されました。

※ 例示で用いた洗浄用シンナーは、特別有機溶剤に該当するので、実際には、リスクアセスメントの結果によらず、特定化学物質障害予防規則等に基づく各種措置を講ずることとなります。

STEP 6
リスクアセスメント結果の保存と閲覧

　実施したリスクアセスメントの結果は、「結果一覧」シートに一覧表として保存することができます。また、そこから任意のリスクアセスメント結果を、リスクアセスメントシートもしくは実施レポートの形式で呼び出し、閲覧・出力することができます。

1　リスクアセスメント結果の保存

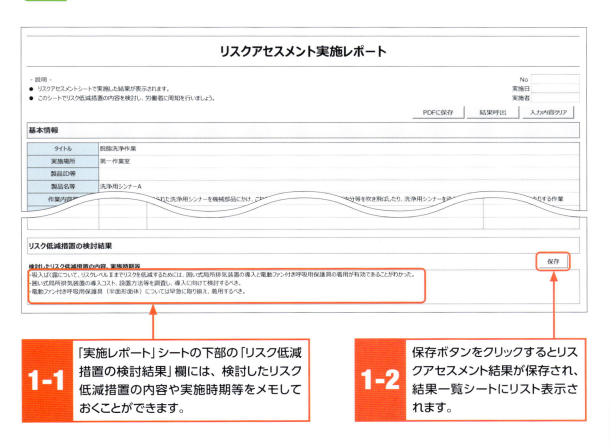

1-1　「実施レポート」シートの下部の「リスク低減措置の検討結果」欄には、検討したリスク低減措置の内容や実施時期等をメモしておくことができます。

1-2　保存ボタンをクリックするとリスクアセスメント結果が保存され、結果一覧シートにリスト表示されます。

2-1 「結果一覧」シートには、複数成分でリスクアセスメントを行った場合には、各リスクアセスメントに対して成分ごとに行を改めて表示されます。

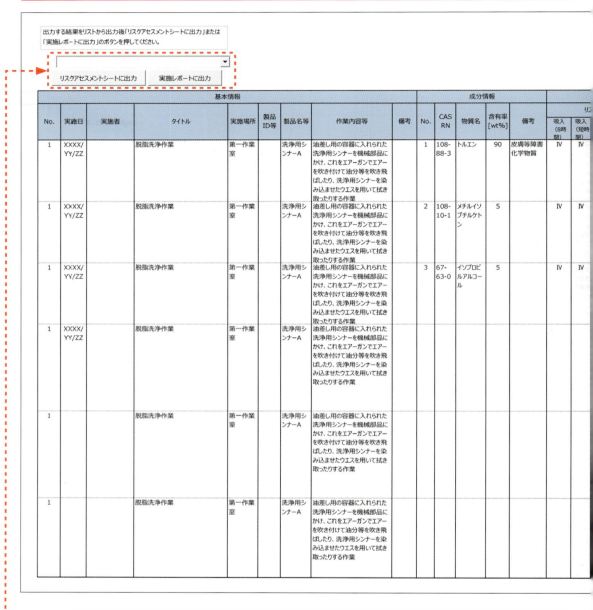

2-2 プルダウンメニューから見たい調査結果を選択し、「リスクアセスメントシートに出力」ボタンか「実施レポートに出力」ボタンをクリックすると、それぞれの形式で閲覧・出力ができます。

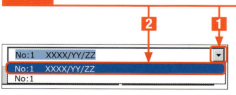

状	判定結果		対策後					判定結果		備考	リスク低減措置の検討結果	
			リスクレベル									
有害性	有害性	危険性（爆発・火災等）	吸入(8時間)	吸入(短時間)	経皮吸収	合計(吸入+経)	危険性(爆発・火)	有害性	危険性（爆発・火災等）		検討したリスク低減措置の内容、実施時期等	備考
アセスメントのための測定等をするか、リスクを下げる対策を を実施しましょう。障害等防 保護具の選定マニュアルに従 適切な皮膚障害等防止用保 を着用しましょう。												
アセスメントのための測定等をするか、リスクを下げる対策を を実施しましょう。 障害等防止用保護具の選 ニュアルに従い、適切な皮膚 等防止用保護具を着用しま												
アセスメントのための測定等をするか、リスクを下げる対策を を実施しましょう。 障害等防止用保護具の選 ニュアルに従い、適切な皮膚 等防止用保護具を着用しま			Ⅱ-A	Ⅱ	Ⅰ	Ⅱ	-	濃度基準値設定物質以外の長時間（8時間）ばく露の評価結果は良好です。換気、機器や器具、作業手順等の管理に努めましょう。濃度基準値設定物質以外の短時間ばく露の評価結果は良好です。換気、機器や器具、作業手順等の管理に努めましょう。皮膚障害等防止用保護具の選定マニュアルに従い、適切な皮膚障害等防止用保護具を着用しましょう。			・吸入ばく露について、リスクレベルⅡまでリスクを低減するためには、囲い式局所排気装置の導入と電動ファン付き呼吸用保護具の着用が有効であることがわかった。 ・囲い式局所排気装置の導入コスト、設置方法等を調査し、導入に向けて検討するべき。 ・電動ファン付き呼吸用保護具（半面形面体）については早急に取り揃え、着用するべき。	
			Ⅱ-A	Ⅱ	Ⅰ	Ⅱ		濃度基準値設定物質以外の長時間ばく露の評価結果は良好です。換気、機器や器具、作業手順等の管理に努めましょう。濃度基準値設定物質以外の短時間ばく露の評価結果は良好です。換気、機器や器具、作業手順等の管理に努めましょう。皮膚障害等防止用保護具の選定マニュアルに従い、適切な皮膚障害等防止用保護具を着用しましょう。			・吸入ばく露について、リスクレベルⅡまでリスクを低減するためには、囲い式局所排気装置の導入と電動ファン付き呼吸用保護具の着用が有効であることがわかった。 ・囲い式局所排気装置の導入コスト、設置方法等を調査し、導入に向けて検討するべき。 ・電動ファン付き呼吸用保護具（半面形面体）については早急に取り揃え、着用するべき。	
			Ⅰ	Ⅰ	Ⅰ	Ⅰ		濃度基準値設定物質以外の長時間ばく露の評価結果は良好です。換気、機器や器具、作業手順等の管理に努めましょう。濃度基準値設定物質以外の短時間ばく露の評価結果は良好です。換気、機器や器具、作業手順等の管理に努めましょう。皮膚障害等防止用保護具の選定マニュアルに従い、適切な皮膚障害等防止用保護具を着用しましょう。			・吸入ばく露について、リスクレベルⅡまでリスクを低減するためには、囲い式局所排気装置の導入と電動ファン付き呼吸用保護具の着用が有効であることがわかった。 ・囲い式局所排気装置の導入コスト、設置方法等を調査し、導入に向けて検討するべき。 ・電動ファン付き呼吸用保護具（半面形面体）については早急に取り揃え、着用するべき。	

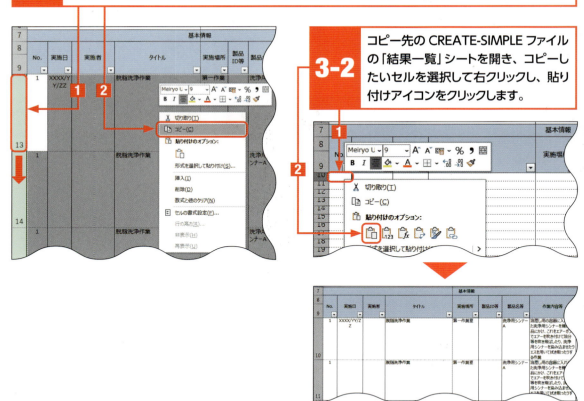

3-1 リスクアセスメント結果を、別バージョン等の他の CREATE-SIMPLE ファイルにコピーしたいときは、コピーしたいリスクアセスメント結果の行を選択し、右クリックして「コピー」をクリックします。

3-2 コピー先の CREATE-SIMPLE ファイルの「結果一覧」シートを開き、コピーしたいセルを選択して右クリックし、貼り付けアイコンをクリックします。

3-3 コピーが完了します。

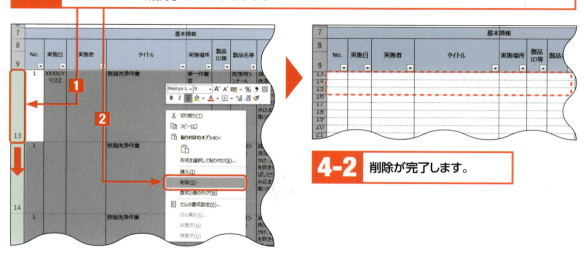

4-1 リスクアセスメント結果を削除したいときは、削除したいリスクアセスメント結果の行を選択し、右クリックして「削除」をクリックします。

4-2 削除が完了します。